...o cultivar un
corazón agradecido

LA GRATITUD

∞

EL PERDÓN

Cómo liberarse de la
amargura y el dolor

TAMBIÉN POR NANCY LEIGH DEMOSS

La apariencia
Atrévete a ser una mujer conforme al plan de Dios
Escoja perdonar
Mentiras que las jóvenes creen
Mentiras que las mujeres creen
El perdón
Quebrantamiento: El corazón avivado por Dios
Rendición: El corazón en paz con Dios
Santidad: El corazón purificado por Dios
Sea agradecido

*Cómo cultivar un
corazón agradecido*

LA GRATITUD

EL PERDÓN

*Cómo liberarse de la
amargura y el dolor*

NANCY LEIGH DEMOSS

EDITORIAL
PORTAVOZ

La misión de *Editorial Portavoz* consiste en proporcionar productos de calidad —con integridad y excelencia—, desde una perspectiva bíblica y confiable, que animen a las personas a conocer y servir a Jesucristo.

La gratitud
Nancy Leigh DeMoss
© Todos los derechos reservados por:
Life Action Ministries
P.O. Box 31, Buchanan, MI 49107-0031
Traducción: Carmen Luz Ochoa
Revisión: Mercedes De la Rosa

El perdón
Nancy Leigh DeMoss
© 2006 por Nancy Leigh DeMoss
Traducción: Carmen Luz Ochoa
Revisión: Corina Dhios

Revive Our Hearts, Post Office Box 2000, Niles, Michigan 49120.
reviveourhearts.com.
info@reviveourhearts.com

EDITORIAL PORTAVOZ
2450 Oak Industrial Dr. NE
Grand Rapids, Michigan 49505 USA

Visítenos en: www.portavoz.com

ISBN 978-0-8254-5638-1

2 3 4 5 6 edición / año 24 23 22 21 20 19 18 17

Impreso en los Estados Unidos
Printed in the United States of America

LA GRATITUD

*Cómo cultivar un
corazón agradecido*

INTRODUCCIÓN

Hay un comercial de televisión que anuncia una tarjeta de crédito y termina con esta frase: «¡No salga de casa sin ella!».

Esta frase también podría aplicarse al tema de este librito. «Una actitud agradecida: ¡no salga de su casa sin ella!». En realidad tampoco le aconsejaría que se quedara en casa sin ella.

Nunca será suficiente la importancia que se le dé al tema de la gratitud. He llegado al convencimiento de que no hay nada más apropiado para un hijo de Dios que tener un espíritu agradecido. De igual forma, tal vez no haya nada que haga a una persona menos atractiva que la ausencia de este espíritu.

En el transcurso de mi vida he aprendido que ante todas las circunstancias que se me presentan puedo asumir dos actitudes:

Adorar o quejarme.

Cuando escogemos la senda de la adoración y la acción de gracias, especialmente en medio de circunstancias difíciles, nuestras vidas emanan una fragancia de gratitud que bendice al Señor y a los demás.

Por el contrario, cuando nos dedicamos a lamentarnos, a quejarnos o a protestar, caemos en una pendiente destructiva que a la larga nos conduce a la amargura y a la ruptura de relaciones. Las consecuencias de un espíritu desagradecido no son tan notorias como las de una enfermedad contagiosa, pero no por eso son menos graves. Nuestra cultura moderna experimenta una epidemia de ingratitud. Como gas venenoso, este sutil pecado está contaminando nuestras vidas, nuestros hogares, nuestras iglesias y nuestra sociedad.

Un hombre o una mujer agradecidos son una corriente de aire fresco en un mundo contaminado por la amargura y el descontento.

Este librito es un llamamiento a dejar atrás los lamentos y las quejas, y a tomar, de manera consciente, la decisión de ser una persona agradecida.

Si usted desea cultivar una actitud agradecida, le aconsejaría que no leyera este librito a la ligera. Por el contrario, le recomendaría que se comprometiera a leerlo con cuidado y en actitud de oración de principio a fin. Después, dedique una semana, que se denominará «Semana de Acción de Gracias», para hacer los ejercicios que se encuentran al final.

En días recientes hice una llamada a un amigo muy querido para felicitarlo por su cumpleaños número 89. Me conmovió su respuesta: «Si por algo deseo ser recordado es por haber sido una persona agradecida». Este es un hombre que perdió a su madre a los tres años de edad, y a su padre siendo todavía muy joven. Hace algunos años, su hijo mayor murió en un trágico accidente. En la actualidad atraviesa por los últimos años de su vida, y su salud y energía física están decayendo. Aún así, mi amigo se ha propuesto ser un hombre agradecido. Está presto a manifestar la bondad de Dios y las bendiciones que Él le ha concedido. Como resultado, es una persona satisfecha y llena de paz, y la fragancia de su vida

continuará bendiciendo a otros mucho
tiempo después de que él deje su cuerpo
terrenal.

Ese es el tipo de persona que yo quiero
ser. Le invito a que me acompañe en esta
búsqueda.

Con gratitud,
Nancy Leigh DeMoss

De acuerdo a los estándares de hoy, debería haber sido una persona infeliz y con problemas. Su padre murió cuando ella era aún muy joven, quedando al cuidado de su madre y su abuela. Como resultado de un error médico ocurrido a las seis semanas de haber nacido, quedó ciega de por vida.

Las experiencias traumáticas y trágicas de la niñez de esta mujer hubieran sido motivo suficiente para que la gran mayoría de personas llevara una vida llena de autocompasión, amargura y trastornos psicológicos.

Sin embargo, en su autobiografía, Frances Jane Crosby escribió: «Parece que la Providencia de Dios dispuso que yo fuera ciega toda mi vida, y le agradezco este designio».

El médico que destruyó su visión nunca se perdonó a sí mismo y cambió su lugar de residencia, pero en el corazón de Fanny Crosby, nunca hubo espacio para el resentimiento. «Si lo conociese hoy —escribió—, le daría las gracias una y otra vez por haberme dejado ciega».

Su ceguedad, que muchos considerarían un accidente en el mejor de los casos y en el peor, una maldición, fue para Fanny una de sus más grandes bendiciones, aceptándola como un regalo de Dios. «No habría podido escribir miles de himnos —dijo— si me hubiera distraído con los miles de objetos bellos e interesantes que seguramente hubiese tenido la oportunidad de ver».

El primer poema de Fanny, escrito cuando tenía ocho años, refleja su perspectiva de la vida, la cual mantuvo hasta su muerte que ocurrió cuando contaba con 95 años de edad.

¡Oh, qué feliz niña soy,
    Aunque no pueda ver!
He resuelto que en este mundo
    Contenta viviré.
¡Cuántas bendiciones disfruto
    Que otros no pueden tener!
Así que llorar y lamentarme por ser ciega
No puedo, ¡y nunca lo haré!

Durante más de un siglo, la Iglesia ha cosechado en abundancia los beneficios del corazón agradecido de esta mujer cantando «Gloria a Dios», «Promesa Bendita», «Redimidos», «El Señor Siempre me Guía», así como otros tantos himnos de los 8000 escritos por Fanny Crosby en el transcurso de su vida.

En un mundo que ha olvidado cómo ser agradecido, el ejemplo de esta amada escritora ciega de himnos parece fuera de lo común, o por lo menos raro.

¡El precio que pagamos por nuestra ingratitud personal y colectiva! Luego de dos décadas de ministerio dedicado a personas espiritual y emocionalmente lastimadas, he llegado a convencerme de que la falta de gratitud es la causa de mucha de la tristeza, la desesperación y el abatimiento que hoy en día han invadido el alma hasta de los creyentes.

Aún más, podría decir que la raíz de muchos de los pecados que invaden y arrasan a nuestra sociedad se encuentra con frecuencia en la rara vez identificada ingratitud.

Es imperioso cultivar una «actitud agradecida» en nuestros corazones, en nuestros hogares y en nuestra sociedad. Su presencia trae consigo un sinnúmero de bendiciones, mientras que su ausencia tiene repercusiones profundas y letales. Consideremos las diferencias entre un corazón agradecido y uno que no lo es.

La persona agradecida es humilde, mientras que la desagradecida revela un corazón lleno de orgullo.

La persona agradecida se siente muy indigna y, por lo tanto, cree que tiene más de lo que realmente merece. La persona desagradecida, por el contrario, siente que merece más de lo que tiene.

Hoy en día, aún me acuerdo de la respuesta que daba mi padre cuando le preguntaban cómo estaba: «¡Mejor de lo que merezco!». Tenía un corazón agradecido. Nunca olvidó la desobediencia y rebeldía que caracterizaron los primeros 25 años de su vida, antes de su conversión. Jamás dejó de sorprenderlo el hecho de que Dios lo hubiese salvado, y siempre tuvo un enorme sentido de gratitud hacia Él, incluso por los más mínimos favores.

Siempre me ha impresionado el espíritu agradecido de Rut la moabita. Viuda luego de una década de matrimonio, pobre en un país extraño y «condenada» a vivir con su amargada suegra, Rut busca la forma de mantenerse y mantener a Noemí. Cuando Booz la descubre y le concede el derecho de recoger y espigar en su tierra, se deshace en manifestaciones de agradecimiento tratando de expresar su gratitud por tan generoso gesto.

«Ella bajó su rostro, se postró en tierra y le dijo: ¿Por qué he hallado gracia ante tus ojos para que te fijes en mí, siendo yo extranjera?» (Rut 2:10 Biblia de las Américas).

Tengo el presentimiento de que en circunstancias similares, probablemente yo hubiese pensado, e incluso le hubiese dicho a los demás: «¡Es lo mínimo que podía hacer!». La humildad de esta joven viuda se transluce en su respuesta agradecida por el más pequeño de los gestos de amabilidad que recibió de otra persona.

Henry Ward Beecher dijo de manera muy acertada:

> El orgullo mata al agradecimiento, más una mente humilde es suelo fértil en el que crece espontáneamente una actitud agradecida. Un hombre orgulloso rara vez es agradecido pues cree que no tiene todo lo que se merece.

Un corazón agradecido es consciente de Dios y los demás, mientras que un corazón desagradecido es ególatra.

Las personas agradecidas piensan y hablan de los demás, mientras que las personas desagradecidas se centran en sus propias necesidades, sentimientos, heridas, deseos, en la forma como han sido tratados, rechazados, heridos o engañados. Una persona desagradecida está llena de sí, y su mundo gira alrededor de sí misma. Rara vez se detiene a considerar los sentimientos y las necesidades de los demás.

Como resultado de sus preocupaciones personales, las personas desagradecidas están siempre tomando y exigiendo de los demás, mientras que las personas agradecidas tienen la libertad de dar y amar a otros.

Las personas agradecidas son capaces de amar y buscan gratificar y bendecir a otros, mientras que aquellas que son desagradecidas se inclinan hacia su propia satisfacción.

Una de las consecuencias finales más comunes de la ingratitud es la impureza moral. El hombre o la mujer que no agradece a Dios por la forma en que Él satisface sus necesidades, con facilidad acusa y culpa a nuestro buen Dios. Al rechazar lo que ya ha dispuesto Dios, la persona desagradecida está solo a un paso de satisfacer sus necesidades de manera ilegítima.

Un corazón agradecido es un corazón pleno, mientras que un corazón desagradecido está vacío.

Aun teniendo mucho menos que los demás, las personas agradecidas disfrutan de un sentido de plenitud; pero si las personas no son agradecidas, poco importa todo lo que tengan, siempre vivirán con un vacío tortuoso en el corazón. Yo me imagino un corazón desagradecido como un recipiente con un agujero por el cual se salen todas las bendiciones. La persona agradecida tiene una capacidad ilimitada para disfrutar las bendiciones que Dios le imparte, mientras que la que no lo es no puede disfrutar las que tiene.

El apóstol Pablo nos da un ejemplo contundente de este principio. La epístola a los Filipenses es realmente una extensa «nota de agradecimiento» escrita a los creyentes de Filipos por todas las provisiones materiales que le habían suministrado mientras viajaba con la misión de fundar iglesias.

> «Y ustedes mismos, filipenses,
> saben que en el principio de
> la obra del evangelio, cuando
> salí de Macedonia, ninguna
> iglesia participó conmigo en

mis ingresos y gastos, excepto
ustedes. Incluso a Tesalónica
me enviaron ayuda una y otra
vez para suplir mis necesidades»
(Filipenses 4:15-16 Nueva
Versión Internacional).

Habiendo expresado su más sentido
agradecimiento por el reciente regalo,
Pablo, desde las entrañas de una prisión
romana y privado de todo excepto las
más elementales necesidades, hace una
declaración admirable: «Pero lo he recibido
todo, y tengo abundancia...» (Filipenses
4:18 Biblia de las Américas). ¿Quién
sino una persona con un corazón muy
agradecido podría haber evaluado su
condición en la cárcel con esas palabras?

Si somos honestos, creo que la mayoría
de nosotros tendría que decir que nuestra
correspondencia en dicha situación
ciertamente hubiera incluido una letanía
de los sacrificios que estábamos haciendo,
el precio que estábamos pagando por
servir al Señor, las comodidades que nos
estaban haciendo falta y las necesidades
físicas y emocionales que teníamos.

¡Pero no Pablo! Con un corazón anegado de gratitud exclama: «Pero todo lo he recibido y tengo abundancia». De hecho, está tan convencido de la inmensa bondad de Dios que procede a asegurar de nuevo a sus lectores la abundancia que para ellos también hay: «Y mi Dios proveerá a todas vuestras necesidades, conforme a sus riquezas en gloria en Cristo Jesús» (Filipenses 4:19, Biblia de las Americas).

Las personas de corazón agradecido se sienten fácilmente satisfechas, mientras que las personas desagradecidas caen en la amargura y el descontento.

Después de haber aconsejado durante muchos años a personas crónicamente infelices, deprimidas, frustradas y emocionalmente inestables, he llegado al convencimiento de que estos «trastornos» por lo general surgen de un corazón desagradecido, cualesquiera que sean las circunstancias externas que aparentemente los justifiquen.

Una persona desagradecida se aferra a sus «derechos», exponiéndose así al dolor y a la decepción cuando Dios o los otros no actúan de acuerdo a sus expectativas. Pero aquella persona que ha cedido todos sus derechos a Dios tiene una visión agradecida de su vida y en su corazón no hay espacio para las emociones egoístas y destructivas.

Los grandes santos de la antigüedad cantaron al unísono sobre este tema. A. W. Tozer hizo la siguiente observación:

> La acción de dar gracias tiene un gran poder curativo. El corazón que rebosa de agradecimiento se salvará de aquellos ataques de tristeza y resentimiento que tanto afectan a muchas personas religiosas.

Matthew Henry escribió en su comentario sobre el libro de Mateo:

> La acción de dar gracias es una respuesta adecuada a los pensamientos obscuros e

inquietantes, y puede llegar a ser
un medio eficaz para deshacerse
de ellos. Los himnos de alabanza
son el bálsamo por excelencia
para el alma decaída y ayudan
a curar la melancolía. Cuando
no tengamos respuesta a la pena
y el temor, podemos recurrir
a pronunciar esta frase: «Te
agradezco, Padre».

John Henry Jowett se expresó con
respecto al tema de la siguiente manera:
«La gratitud es una vacuna, una antitoxina
y un antiséptico». Otro pastor expandió la
analogía:

La gratitud puede ser la
vacuna contra el enfado y el
descontento. Así como las
antitoxinas previenen los
efectos desastrosos de ciertos
venenos y enfermedades, la
actitud agradecida destruye el
veneno que causa el malhumor
y el resentimiento. La acción
de gracias es un antiséptico

refrescante para aquellas
ocasiones en las cuales nos vemos
golpeados por los problemas.

Friedrich Ruckhert lo expresó
sucintamente de la siguiente manera:
«Si hicieras primero una pausa para dar
gracias a Dios por cada una de tus alegrías,
no tendrías tiempo para llorar tus penas».

*Un corazón agradecido se
manifiesta y se expresa a través de
palabras de agradecimiento, mientras
que un corazón desagradecido se
revela a través de protestas y quejas.*

Un espíritu agradecido es el que
permite a quienes lo poseen responder a
las circunstancias difíciles con una acción
de gracias. Como alguien dijo una vez:
«Algunas personas se quejan porque Dios
puso espinas en las rosas, y otras alaban
al Señor por haber puesto rosas entre las
espinas».

De nuevo hago énfasis en lo que
nos enseñan sobre esta materia algunos
creyentes del pasado.

Matthew Henry, el bien conocido comentarista del siglo XVII, al ser atacado por ladrones hizo la siguiente anotación en su diario refiriéndose a dicha experiencia:

> Como primera medida quiero dar gracias puesto que esta es la primera vez que me roban; como segunda medida quiero dar gracias pues, aunque se llevaron mi cartera, no me quitaron la vida; como tercera medida agradezco el hecho de que aunque me quitaron todo, no era mucho; y por último agradezco el que yo haya sido la víctima del robo y no quien lo perpetró.

David Brainerd, el misionero devoto de los indios americanos, quien falleció antes de cumplir 30 años, se caracterizó por tener un espíritu agradecido que le permitió tener siempre presente todas sus bendiciones, hasta en los momentos de más extrema dificultad. En una ocasión, cuando se hallaba de visita donde unos amigos, repentinamente le sobrevino

un fuerte dolor de muelas y un severo
escalofrío. Durante la noche padeció fiebre
bastante alta y un gran dolor en todo
el cuerpo. Aún así, le dio gracias a Dios
por el hecho de que estas aflicciones le
hubiesen atacado mientras se encontraba
en compañía de amigos y no en la soledad
de la selva.

En otra ocasión, encontrándose en
su pequeña cabaña y padeciendo de
grandes dolores, tuvo de nuevo un motivo
para darle gracias a Dios. La siguiente
anotación fue encontrada en su diario:
«Bendito sea el Señor que no permitió
que me encontrase desprotegido y a la
intemperie, sino que me proveyó de una
casa y de muchas comodidades para mi
bienestar».

Otra vez, al cabo de largas semanas de
soledad, avanzando con firmeza por entre
pantanos, a través de terreno pedregoso,
en la oscuridad de la noche y alejado
de toda compañía humana exclamó:
«¡Cuántos motivos de agradecimiento se
me proporcionan mediante este retiro!».
Luego explicó que el contacto con la gente

le brindaba la amistad y la compañía
del mundo, pero la soledad lo llevaba a
experimentar una relación íntima con el
Señor.

*Las personas agradecidas son una
fuente refrescante de vida, mientras
que las personas desagradecidas caen
en las aguas estancadas de su egoísmo,
exigencia y desdicha llevándose consigo
a los demás.*

Todos hemos conocido alguna vez
a alguien cuya compañía nos resultaba
desagradable debido a su visión abatida de
la vida. La falta de gratitud es contagiosa;
envenena y contamina la atmósfera de
nuestros corazones, hogares y relaciones.

De igual forma, la gratitud también
se contagia. No sé si se acuerdan de la
historia de Pollyana, aquella huerfanita
a quien enviaron a vivir con una tía
pendenciera y amargada que no la quería.
En aquella historia, la atmósfera de dicho
hogar y de todo el pueblo literalmente
se transformó cuando Pollyana les
propuso a sus habitantes, todos tristes

y desagradecidos, que participaran en «El Juego de la Felicidad». Al comienzo, la gente se burlaba de la extraña pequeña, quien insistía en buscar algún acontecimiento alegre cada vez que algo malo sucedía. Pero finalmente todos se sintieron constreñidos por el poder de «una actitud de gratitud».

He aprendido mucho sobre la gratitud de una joven que conocí hace algunos años. Desde su nacimiento, Fran es víctima de una parálisis cerebral. Ha padecido muchas cirugías dolorosas además del divorcio de sus padres no creyentes, la muerte de su padre y una existencia relativamente aislada. Al cabo de unos dos años luego de haber conocido a Cristo, Fran me escribió con el fin de compartir conmigo lo que Dios le había estado enseñando. Hizo una lista de los «aguijones» que tenía que soportar diariamente. Luego concluyó con un poema original hecho por ella y titulado sencillamente:

ACCIÓN DE GRACIAS

Dar gracias es algo que se aprende.
Exige confianza y una plegaria
    diaria.
Cuando las circunstancias son tan
    abrumadoras
Que se tornan imposibles de
    comprender,

Simplemente hay que detenerse a
    contemplar la cruz
La cual irradia un inmenso amor
    para ti.

Es parte del plan de Dios.
No tenemos que comprender.
Tomemos Su mano
porque Dios no tiene límites.

Es así como detrás de cada
    circunstancia existe un
    propósito.
No importa lo difícil que ésta sea,
    simplemente mira a Jesús,
toma Su mano y entiende que Él
    lo hace por ti.

Entonces, nuestro llamado es a ser
agradecidos, a reconocer y a expresar
gratitud por los beneficios que hemos
recibido de Dios y de los demás. Todos
debemos algo, y la forma de pagar
nuestras deudas es con un corazón
agradecido y unas palabras que expresen
este sentimiento. No basta sentir
gratitud en nuestros corazones; debemos

manifestarla a aquellos con quienes estamos en deuda.

De vez en cuando encuentro de utilidad sentarme a pensar en mis «cuentas de agradecimiento». Me pregunto si hay circunstancias en mi vida por las que nunca haya dado gracias, bendiciones que haya recibido por las cuales aún no haya expresado gratitud, y pienso en las personas (familiares, amigos, conocidos, socios, profesores, pastores) que han pasado por mi vida de manera especial y a quienes no he manifestado aún mi agradecimiento.

De hecho, al comenzar este escrito, Dios trajo a mi mente los nombres de varias personas a quienes les debo gratitud, entre ellos, tres autores a quienes no conozco y cuyos textos han impactado de manera importante mi vida y mi relación con Dios. Después de eso he tenido el placer de expresárselo a través de cartas de agradecimiento escritas con todo el corazón.

En al año de 1989, Tony O'Brien, un fotógrafo estadounidense, fue asignado por la revista LIFE para cubrir la caída de Kabul, la capital de Afganistán, luego de la salida de los soviéticos. Al llegar se encontró en medio de una cruel guerra civil y fue encarcelado en una prisión afgana por fuerzas de seguridad soviéticas.

Durante esta traumática experiencia, O'Brien compartió su celda con un musulmán chiíta llamado Nader Alí. Los dos hombres trabaron una gran amistad, y durante su encarcelamiento, Alí se convirtió en fuente de apoyo y esperanza para O'Brien.

Al cabo de un tiempo, varios diplomáticos y colegas lograron la liberación de O'Brien, quien pudo finalmente regresar a su hogar en Nuevo México.

Tres años más tarde, O'Brien se encontraba de nuevo en un avión con destino a Kabul. Un artículo que apareció publicado en la edición de agosto de 1992 de la revista LIFE explicaba el motivo de su regreso.

La última vez que vi a Nader
Alí fue detrás de las rejas como
testigo de mi liberación. Nunca
pensé que lo volvería a ver, jamás
creí volver a Afganistán. Pero
ahora me encuentro en un avión
de regreso al lugar adonde pasé
las semanas más aterradoras
de mi vida. Hay una persona a
la cual necesito expresarle mi
agradecimiento... Les he dado
las gracias a todas las demás
personas: a quienes me sacaron
de aquella prisión y a quienes
llamaron a mi madre todos los
días. Sin embargo, nunca le di
las gracias a la persona que me
dio fuerza para vivir. Afganistán
recobró su libertad, pero yo no la
he recobrado aún.

Durante días, O'Brien anduvo de
un lado para el otro en una ciudad con
un millón y medio de habitantes, con
pocos teléfonos, direcciones y señales y
sin la seguridad de encontrar vivo aún
a Alí. Finalmente su búsqueda se vio

recompensada y pudo agradecer al hombre que tanto había significado en su vida.

Al leer la conmovedora historia de O'Brien no puedo dejar de pensar en la infinita deuda que tanto usted como yo tenemos con Aquel que vino a rescatarnos cuando nos encontrábamos en la prisión de nuestros pecados y nuestro egoísmo, trayéndonos esperanza, liberación y vida.

O'Brien pensaba que no podía ser libre hasta que pagara su deuda de gratitud. Igualmente, creo que usted y yo no nos sentiremos verdaderamente libres, aunque hayamos sido liberados del cautiverio, si nuestros corazones y nuestras palabras no expresan siempre agradecimiento.

Tony O'Brien atravesó la mitad del mundo para agradecer la bondad de un hombre. Tal vez éste sea el momento para hacer un viaje al Calvario con el fin de arrodillarse ante el Salvador y, mirando su dulce rostro, decirle: «¡Gracias Señor, una y mil veces gracias!».

Tú que me has dado tanto dame una cosa más, un corazón agradecido: no agradecido al ritmo de mis deseos, como si Tus bendiciones se escatimaran en ciertos días, sino un corazón que Te alabe con cada latido.

—*George Herbert*

PRÁCTICA PERSONAL

La gratitud debe ser un estilo de vida, pero en nuestra realidad diaria, es fácil caer en la insatisfacción, la queja, la protesta, la crítica o incluso en la amargura, las cuales van tomando el lugar de la «actitud de gratitud».

Si cultivamos un corazón agradecido, nuestras palabras demostrarán lo mismo. Sin embargo, esta costumbre podría requerir alguna práctica.

Podríamos empezar la costumbre separando una semana para dedicarnos a expresar nuestro agradecimiento. A continuación encontrarán algunas sugerencias prácticas. Si lo desea puede incluir a toda la familia en este proyecto.

PRIMER DÍA

Cada capítulo de la epístola a los Colosenses hace referencia a la gratitud al menos una vez. Lea los siguientes versículos y anote el pensamiento que más le impresione: Colosenses 1:3, 12; 2:7; 3:15, 17; 4:2.

_____

_____

_____

_____

_____

_____

_____

La gratitud ha sido definida como «la manera de aprender a reconocer y expresar aprecio por los favores que recibimos de Dios y de los demás».

Trate de memorizar esta definición y repásela al menos una vez al día esta semana.

SEGUNDO DÍA

Antes de expresar nuestra gratitud debemos reconocer específicamente las bendiciones que hemos recibido de Dios y de los demás.

Haga una lista de todas las bendiciones materiales y espirituales recibidas de Dios

y enumérelas. Luego haga una pausa y
agradezca al Señor por cada una de ellas.

Bendiciones espirituales

(Si necesita ayuda para comenzar ¡lea
el primer capítulo de la Epístola a los
Efesios!)

_____

_____

_____

_____

_____

_____

_____

Bendiciones materiales

_____

_____

_____

_____

_____

_____

_____

TERCER DIA

Hoy, concéntrese en expresar gratitud a los miembros de su familia y también por ellos. Haga una lista de todos ellos (cónyuge, padres, hijos, hermanos, hermanas, etc.) y luego, al lado de cada nombre, escriba una cualidad de su vida por la que usted se sienta particularmente agradecido.

1. _____

2. _____

3. _____

4. _____

5. _____

6. _____

7. _____

8. _____

Dedique tiempo a agradecer al Señor por haberle dado a cada uno de los miembros de su familia. Luego escoja a tres personas de la lista y expréseles hoy su gratitud, ya sea personalmente, por teléfono o mediante una nota. Puede comenzar diciendo lo siguiente:

> «Hoy le di gracias al Señor por ti. Quiero decirte lo agradecido que me siento por poder contar contigo como miembro de mi familia y especialmente por esta cualidad particular que veo en tu vida…».

(Escoja a uno a quien le haya costado trabajo amar).

CUARTO DÍA

Haga una lista de otras personas que hayan tocado su vida de manera especial. Por ejemplo, pastores, profesores, amigos,

socios comerciales, vecinos, autores,
líderes cristianos, etc. A medida que
vaya escribiendo sus nombres, hágase la
siguiente pregunta: «¿Le he agradecido
alguna vez a esta persona por la forma en
que Dios la ha utilizado para transformar
mi vida?». Una vez que le haya expresado
su agradecimiento a cada persona, ponga
una señal al lado de su nombre que así lo
indique.

❏   1. _____

❏   2. _____

❏   3. _____

❏   4. _____

❏   5. _____

❏   6. _____

❏   7. _____

❏   8. _____

❏   9. _____

❏ 10. _____

❏ 11. _____

❏ 12. _____

❑   13._____

❑   14._____

❑   15._____

QUINTO DÍA

En el día de hoy trate de llamar a tres de las personas de la lista que elaboró el día anterior y exprésele su gratitud por la influencia que han ejercido en su vida y por el servicio que le han prestado.

SEXTO DÍA

Pablo enseñó a los creyentes de Éfeso a «[dar] gracias siempre por todo...» (Efesios 5:20).

Una mañana, mientras se lavaba los dientes, un cristiano meditaba en este versículo sintiéndose así motivado a llevarlo a la práctica. La idea de darle gracias a Dios por todo le pareció buena. «Comencé por agradecerle mi cepillo de dientes, luego le di las gracias por la pasta de dientes, y de pronto caí en la cuenta de que ¡jamás le había agradecido

por haberme dado mis dientes!». A
continuación se preguntó: «Si las provisiones de mañana dependieran de
las gracias que damos hoy, ¿cuánto
tendríamos mañana?».

A medida que el día transcurre, trate
de agradecer conscientemente a Dios por
todo… ¡por las cosas pequeñas y por las
grandes!

SÉPTIMO DÍA

Al meditar en el tema de la gratitud
y avanzar en el proceso de dar gracias,
¿le resulta difícil agradecer ciertas cosas,
circunstancias o personas?

La Dra. Helen Roseveare, misionera
durante mucho tiempo en el Congo,
contaba un episodio de su vida durante
el cual sufrió un vergonzoso maltrato por
parte de soldados rebeldes. Describía la
lucha tan dolorosa que libró dentro de su
corazón tratando de encontrarle sentido a
la humillación y al sufrimiento físico que
había padecido. Luego relató el descanso y
la paz que le sobrevinieron al sentir a Dios
preguntándole: «Helen, ¿estarías dispuesta

a agradecerme aquellas cosas que nunca te concederé el privilegio de entender?».

Haga una lista de circunstancias, eventos, pruebas o relaciones que hayan ocurrido en el pasado o estén ocurriendo en la actualidad y por las cuales no haya tenido todavía la oportunidad de dar gracias. Luego, como expresión de fe y ejercicio de obediencia diga: «Señor, te doy las gracias por _____ y por _____, circunstancias que tal vez nunca me concedas el privilegio de entender». Al hacerlo estará reconociendo que Dios es el «Bendito Controlador» de todas las circunstancias que rodean su vida, y que usted confía en Él y en Su soberana elección para su vida.

Circunstancias difíciles por las cuales Dios quiere que le exprese mi gratitud:

1. _____

2. _____

3. _____

4. _____

5. _____

6. _____

7. _____

8. _____

9. _____

10. _____

11. _____

12. _____

Luego de una semana dedicada a meditar sobre el tema de la gratitud, me gustaría desafiarlo a que convierta la acción de gracias en un hábito de toda su vida. ¡Verá que el mundo se ve totalmente diferente cuando se aprende a verlo con ojos agradecidos!

*Agradecer a Dios por
todo es en realidad un
deber difícil de cumplir, ya
que implica el dar gracias
por toda clase de pruebas,
todos los sufrimientos y
los dolores, por los
reproches y por la soledad.
Sin embargo, no lo es para
quienes han aprendido a
entregarse.*

—Priscilla Maurice

EL PERDÓN

*Cómo liberarse de la
amargura y el dolor*

Heridas y cicatrices

Somos una generación de gente herida. La semana pasada una mujer me hizo partícipe de la conmoción que había sufrido recientemente cuando su marido le dijo que sostenía una relación amorosa. En una conferencia, una señora de edad se puso de pie y le contó a la audiencia que su hija había sido perseguida y luego asesinada catorce años atrás. Luego, dirigiéndose a mí, me dijo: «Durante catorce años he odiado a ese hombre. ¿Cómo lo perdono? ¿Cómo puedo perdonarlo?».

Tal vez usted haya atravesado por una experiencia igualmente traumática, o probablemente haya sufrido una serie de penas menores. ¿Cómo podemos manejar las heridas y las ofensas? En primer lugar, es importante entender que sufriremos heridas. En un mundo postrado y en pecado, el dolor es inevitable. Todos hemos sido y seremos ofendidos, heridos y tratados injustamente.

Quizás un amigo cercano le ha mentido o le ha mentido a otros sobre usted.

Posiblemente cuando niño o adolescente,
usted sufrió la burla o el rechazo de un
padre, o algún adulto en quien confiaba
lo perturbó o abusó de usted. Tal vez
alguien le haya hecho trampa o le haya
robado, o puede ser que alguien haya
abusado sexualmente de un hijo suyo,
y como madre preferiría sufrir el daño
usted misma antes de ver a su hijo herido
o maltratado. Probablemente usted haya
sido herida por un patrón o incluso por
un líder espiritual quien resultó no ser
auténtico.

Es posible que haya iniciado una
relación amorosa llena de ilusiones con un
hombre que le prometió serle fiel hasta la
muerte. Este sueño se ha convertido en
una pesadilla de desengaño, infidelidad y
rechazo. Cuando menciono dolor, vienen
a nuestra mente nombres, caras y eventos.
Somos una generación de gente herida.
Llevamos heridas y cicatrices profundas
que tal vez nadie ve. Muchas mujeres me
dicen: «Estoy furiosa. Estoy furiosa con mi
esposo, con mis padres, con mis hijos, con
mi pastor o con mi patrón». Además, cada

vez con mayor frecuencia escucho la queja: «Estoy furiosa con Dios». En definitiva, todo se resume en este sentimiento.

Si Dios es tan poderoso, tan bueno y misericordioso, ¿por qué permitió que esto sucediera?

Somos una generación de gente herida, y nuestra amargura latente se convierte en ira, odio y finalmente en venganza y violencia. ¿Se ha preguntado alguna vez de dónde viene esta violencia sin sentido? ¿Por qué los chicos llegan un día al colegio y vuelan las cabezas de otras personas? ¿Ha oído alguna vez que el animal más peligroso del bosque es el que está herido? Hay una enorme cantidad de personas maltratadas que nunca aprendieron a manejar sus heridas y ahora hieren a otros.

NUESTRA RESPUESTA: DOS CAMINOS DIVERGENTES

El producto de nuestra vida, quiénes somos y en qué nos convertimos, no está determinado por las cosas que nos pasan. Claro está que las circunstancias que

forman el telón de fondo de nuestra vida
nos afectan y dejan huellas en nuestro
corazón que siempre van a ser parte de
nuestra experiencia. Sin embargo, esos
eventos, por horribles que sean, no tienen
el poder de determinar el fin de nuestra
vida. La forma en que respondemos
a lo que nos pasa es lo que realmente
determina lo que será nuestra vida.

Mientras creamos que nuestra vida está
determinada por las cosas que nos pasan,
siempre seremos víctimas. Esa creencia
es una mentira peligrosa. Sin embargo,
cuando nos damos cuenta de que somos
hijos de Dios, mediante su gracia, tenemos
el poder de escoger cómo responder a
lo que nos ha pasado. Esto es liberador
puesto que significa que ya no somos
víctimas. Tenemos una oportunidad y
podemos decidirnos a ser libres.

Cada vez que nos hieren tenemos la
oportunidad de escoger cómo responder
a nuestro ofensor. Esencialmente hay dos
maneras de hacerlo. Podemos convertirnos
en «cobradores de deudas»: «¡Usted me
hizo daño y por lo tanto me las debe!

¡Voy a vengarme!». Tomamos como rehenes a las personas y las ponemos en una prisión para deudores. Nos llenamos de resentimiento y de amargura. Este es el peligroso camino del desquite. «Te haré pagar». Podemos hacerlo sutilmente o abiertamente, pero el resultado es el mismo.

Existe otra manera de responder. Es el camino de Dios. Es el camino del perdón, mediante el cual decidimos liberar a nuestros ofensores de la prisión, ya sea que se lo merezcan o no. Quiero hacer énfasis en el hecho de que perdonamos no porque nuestros ofensores merezcan ser perdonados, sino porque Dios nos ha perdonado a nosotros. Tan solo la gracia de Dios, su regalo de misericordia inmerecida basada por completo en el mérito del sufrimiento y muerte de Jesucristo por nosotros, nos libera del pecado, la culpa y la muerte. Esta es la misma gracia que podemos ofrecer a aquellos que nos han ofendido. Este no es el camino de la revancha, sino de la restauración y de la reconciliación.

Antes de la reconciliación, debe existir
el perdón. ¿Qué es el perdón? El perdón
no es una emoción, sino una oportunidad.
Perdonamos no por sentimiento sino
mediante un acto de voluntad. Es importante que entendamos y nos acordemos que
Dios, quien nos perdonó, nos ordena que
perdonemos a otros. El perdón no es una
opción para el hijo de Dios. Se nos ordena
perdonar a pesar de lo que sintamos y de la
ofensa que hayamos recibido.

Tal vez las palabras de Jesús en Marcos
11:25 le sean familiares. «Y cuando estén
orando», (ya sea en la iglesia o solos) «si
tienen algo contra alguien, perdónenlo».
¿Existe algún padre, hermano, compañero
anterior, hijo, pariente político, patrón,
amigo, vecino o pastor por quien usted
sienta algún resentimiento? Jesús dijo
que si usted guarda algún resentimiento
en contra de alguien, debe perdonarlo.
Perdónelo para que sus pecados sean
también perdonados por su Padre en el
cielo.

En Efesios 4:31 Pablo dijo: «Abandonen
toda amargura, ira y enojo, gritos y

calumnias, y toda forma de malicia». La
palabra «toda» es muy importante, pues
la mayoría de nosotros hemos dejado
a un lado la mayor parte de nuestra
amargura pero reservamos un poquito en
nuestros corazones. La pequeña semilla de
amargura que usted deja sembrada en su
corazón crece y se fortalece convirtiéndose
en su perdición. Jesús nos dice a través
del Apóstol Pablo: «Pónganla a un lado.
Deshágense de esta. Córtenla de raíz».
¿Sabe que puede vivir sin amargura en el
corazón? «Más bien, sean bondadosos y
compasivos unos con otros, y perdónense
mutuamente, así como Dios los perdonó a
ustedes en Cristo» (Efesios 4:32).

Un traje de lujo

En un pasaje similar, Colosenses 3:12,
Pablo dice «...como escogidos de Dios,
santos y amados...». Este es un punto
crucial, usted no puede verdaderamente
perdonar si no es hijo de Dios. El perdón
es imposible si sus pecados no han sido
perdonados por Dios a través del sacrificio

de Jesucristo por usted en la cruz. Pablo
dice que: «Por lo tanto, como escogidos
de Dios, pertenecientes a Dios, santos y
amados, revístanse de afecto entrañable
y de bondad, humildad y paciencia» (vea
el versículo 13 también). Es una lista
considerable. ¿No es así?

Preguntémonos si estas palabras nos
describen, como esposos y padres, en
nuestro sitio de trabajo, como empleados o
como patrones. Al vestirse por la mañana,
¿piensa en ponerse los vestidos del afecto,
la bondad, la humildad, la amabilidad
y la paciencia? ¿Se puede imaginar lo
diferentes que serían nuestros hogares,
nuestras iglesias y nuestras comunidades
si usáramos esas cinco prendas? Apóyense
unos a otros. Perdónense si alguno tiene
una queja contra el otro. Así como el
Señor los perdonó, perdonen también
ustedes.

EL MODELO PERFECTO: LA GRACIA QUE CUBRE TODOS LOS PECADOS

Esto nos hace preguntar: ¿Cómo nos perdona Dios por haber asesinado a su único Hijo? El Salmo 103:10-12 dice: «No nos trata conforme a nuestros pecados ni nos paga según nuestras maldades. Tan grande es su amor por los que le temen como alto es el cielo sobre la tierra. Tan lejos de nosotros echó nuestras transgresiones como lejos del oriente está el occidente». Su perdón es completo, permanente, incondicional e inmerecido.

Es maravilloso que usted y yo podamos perdonar a otros con la misma gracia con la cual Dios nos ha perdonado. Todos hemos pecado en contra de Él. Sin embargo, cuando nos volvemos a Él con arrepentimiento y fe, Él vierte su perdón incondicional y su gracia, y esa misma gracia puede entonces fluir a través de nosotros con el fin de perdonar a aquellos que nos han hecho mal.

En los textos originales escritos en hebreo y griego las palabras que se traducen como «perdonar» tienen significados diferentes pero relacionados. Quieren decir «llevarse lejos», «enterrar», «cubrir», «perdonar», «reconciliar», «pasar por alto», «enviar lejos», y «restaurar con la gracia». Pablo dice que las transgresiones de aquellos que siguen a Jesús, han sido perdonadas, habiéndoseles borrado el registro de deudas que tenían con Él. Él ha anulado todos nuestros crímenes; los clavó en la cruz (Colosenses 2:14). Nuestro pecado fue pagado cuando Jesús fue al Calvario y murió en lugar nuestro.

El perdón es realmente una promesa. Es la promesa de no volver a sacar a colación aquellos pecados que han sido cometidos en contra nuestra: ni ante Dios, ni ante la persona culpable, ni ante nadie. A veces algunas señoras me dicen: «He perdonado a mis padres, pero...» y proceden a hacer una lista de todas las cosas hirientes y horribles que sus padres (o pareja, o anterior pareja, o hijo) les han hecho. Es obvio que no han perdonado. El perdón es la promesa de no guardar rencor contra aquella persona que nos ha herido.

LO QUE UNA COMPUTADORA NOS PUEDE ENSEÑAR

Sé lo suficiente de computadoras como para entender que son peligrosas, y hay una cosa que especialmente he aprendido a las malas. ¡Cuando se oprime la tecla de borrar, su trabajo se pierde! La memoria se borra. Esta es la imagen de lo que pasa cuando perdonamos. El perdón se otorga no porque la otra persona se lo merezca, ni siquiera porque se lo pida, sino porque Dios nos ha perdonado convirtiéndonos entonces en canales de ese perdón y de esa gracia. Así que oprimimos la tecla y borramos el registro de sus faltas, como si jamás hubiesen pecado en contra nuestra. Es así como Dios nos ha perdonado y es así como Él nos pide que perdonemos a otros.

Después de leer la definición del perdón, piense si hay una o más personas que le hayan herido o le hayan hecho mal a lo largo de su vida y a quienes usted jamás ha perdonado. ¿Existe alguna raíz de resentimiento o amargura en su corazón? Cuando hago esta pregunta en conferencias, el noventa por ciento de la audiencia me responde positivamente.

Siento un peso en el corazón pues veo que pretendemos ser pecadores perdonados que han recibido la gracia de Dios. Les decimos a los demás que necesitan lo que nosotros tenemos. «Necesitan el evangelio y la gracia de Dios. Él puede perdonarlos, limpiarlos, borrar sus pecados y liberarlos de sus culpas». Pero aquellos a quienes hablamos nos conocen. Son nuestros parientes, nuestros vecinos, y escuchan la manera en que hablamos de nuestra antigua pareja o de nuestros parientes políticos. Son nuestros compañeros de trabajo y ven cómo tratamos a los demás. Por lo tanto nuestro mensaje del evangelio de Jesucristo no es creíble porque nosotros, quienes decimos haber sido perdonados y quienes tenemos este evangelio del perdón, no perdonamos.

¿PRISIÓN O PERDÓN?

Cuando rehusamos perdonar no nos diferenciamos en nada del mundo que nos

rodea. Creo que el mundo se apresurará
a abrir un sendero hacia Jesús cuando
nosotros, los que hemos sido perdonados,
nos decidamos a convertirnos en personas
clementes y perdonadoras. La culpa es una
carga pesada y el mundo quiere verse libre
de ella. Muchos de nosotros soportamos
cargas muy pesadas que son fruto del
resentimiento y la amargura. Dios quiere
librarnos de ese resentimiento y de esa
amargura y, al hacerlo, creo que nuestro
mensaje será más creíble al mundo.

¿Qué pasa cuando rehusamos perdonar?
Quiero que entiendan esto, porque si lo
hacen estarán más dispuestos a tomar esta
difícil decisión. En primer lugar, cuando
rehusamos perdonar nos convertimos
en prisioneros de aquellos que nos han
tratado mal. Creemos que los estamos
poniendo en una prisión pero realmente
somos nosotros los que nos convertimos en
prisioneros.

Un vívido ejemplo de lo anterior se me
presentó al oír el testimonio de una mujer
que asistía a una de nuestras conferencias.
Ella se puso de pie y dio su testimonio

sobre la manera en que Dios había estado
trabajando en su corazón con respecto al
tema del perdón. Siendo niña, ella y una
amiga fueron a visitar al alguacil de policía
del pueblo quien, según ellas creían, era su
amigo. Su oficina quedaba en el edificio
de la cárcel del pueblo y cuando llegaron
al lugar, su amiga salió a jugar. En ese
momento este hombre, en quien ella
confiaba, le dijo: «Si alguna vez le dices a
alguien lo que estoy a punto de hacerte,
te encierro en una de esas celdas. Si le
llegas a decir a tus padres, también los
encerraré a ellos». Luego comenzó a abusar
sexualmente de esa pequeña niña.

Esta mujer dijo: «Cuando esto sucedió,
encerré a ese hombre en una prisión dentro
de mi corazón, y boté la llave. Todos estos
años lo he tenido encerrado ahí». Este
hombre ya está muerto, pero, continuó
ella: «Aún se encuentra en esa prisión.
Lo que hasta ahora me doy cuenta es
que todos estos años, era yo la que estaba
encarcelada ya que rehusaba perdonarlo».

Esto ha afectado su matrimonio de
muchas formas; en muchas áreas no se

sentía realmente libre en la relación con su
marido. Dios le mostró la misma llave de
la cual hablamos, y cuando ella tomó esa
llave y liberó de la prisión a ese hombre,
Dios tomó una llave aun más grande,
la llave de la gracia, y la liberó. Cuando
rehusamos perdonar, nos convertimos en
prisioneros de aquellos que nos han hecho
daño.

¿CUÁNTAS VECES DEBO
PERDONAR?

En Mateo 18:21-22: «Pedro se acercó
a Jesús y le preguntó: "Señor, ¿cuántas
veces tengo que perdonar a mi hermano
que peca contra mí? ¿Hasta siete veces?"».
Creo que Pedro pensaba que estaba siendo
generoso ya que la ley de los fariseos
solo requería que la gente perdonara
tres veces. Jesús respondió: «No te digo
que hasta siete, sino hasta setenta veces
siete» (RVR-60). ¿Está Jesús diciéndonos
que cuando usted haya perdonado
cuatrocientas noventa veces puede dejar
de perdonar? No, todo lo contrario. Jesús

está diciendo: «Pedro, no lleves la cuenta. Sigue perdonando». De hecho, yo creo que está diciendo: «Pedro, puedes parar de perdonar cuando yo pare de perdonarte a ti, y eso jamás sucederá». ¡Perdone hasta que pierda la cuenta!

Jesús, como era su costumbre, empezó a contar una historia para ilustrar su punto. En los versículos 23-24, Él dice: «Por eso el reino de los cielos se parece a un rey que quiso ajustar cuentas con sus siervos. Al comenzar a hacerlo, se le presentó uno que le debía miles y miles de monedas de oro». Esta era una deuda que él jamás podría pagar. Una moneda era equivalente a aproximadamente 20 años de sueldo para un obrero, así ¡10.000 monedas serían el equivalente al sueldo de 200.000 años, una deuda que jamás podría ser pagada!

Luego en los versículos 25-26, Jesús continúa: «Como él no tenía con qué pagar, el señor mandó que lo vendieran a él, a su esposa y a sus hijos, y todo lo que tenía, para así saldar la deuda. El siervo se postró delante de él. "Tenga paciencia conmigo —le rogó—, y se lo pagaré

todo"». Claro está que esto era ridículo, ya
que bajo ninguna circunstancia el siervo
podría pagar la deuda. Sin embargo, su
señor tuvo misericordia de él, le canceló la
deuda y le permitió irse. Oprimió la tecla
de borrar.

«Al salir, aquel siervo se encontró con
uno de sus compañeros que le debía cien
monedas de plata». Una moneda de plata
era el sueldo diario para un obrero, así 100
monedas de plata serían aproximadamente
un salario de tres meses. Esta era una
gran cantidad de dinero, pero nada en
comparación con la deuda enorme que
le había sido perdonada recientemente.
«Lo agarró por el cuello y comenzó a
estrangularlo. "¡Págame lo que me debes!",
le exigió. Su compañero se postró delante
de él. "Ten paciencia conmigo —le rogó—
y te pagaré". Pero él se negó. Más bien
fue y lo hizo meter en la cárcel hasta que
pagara la deuda» (Mateo 18:28-30).

Cuando leo la historia de este hombre,
se me sube la presión sanguínea hasta que
el Espíritu Santo me señala con su dedo y
me dice: «¿No es eso lo que haces cuando

rehúsas perdonar? ¿Cuando guardas rencor? ¿Cuando rehúsas oprimir la tecla de borrar?». Yo no diría que soy una persona amargada; a ninguno de nosotros nos gusta considerarnos amargados. Sin embargo, cuando pensamos desde la perspectiva de Dios debemos reconocer que hay renuencia en nuestros corazones a perdonar, lo cual inevitablemente nos conduce a la amargura.

«Cuando los demás siervos vieron lo ocurrido, se entristecieron mucho y fueron a contarle a su señor todo lo que había sucedido. Entonces el señor mandó llamar al siervo». «¡Siervo malvado! —le increpó—. Te perdoné toda aquella deuda porque me lo suplicaste. ¿No debías tu también haberte compadecido de tu compañero, así como yo me compadecí de ti?» (Mateo 18:31-33). ¡Este es un lenguaje bastante fuerte! Él dijo: «¡Malvado!». «Y enojado, su señor lo entregó a sus carceleros para que lo torturaran hasta que pagara todo lo que debía» (Mateo 18:34). Cuando rehusamos perdonar, Dios nos entrega a nuestros atormentadores.

El alto costo de la amargura

¿Qué son esos atormentadores? Pueden ser varias cosas. Creo que muchos desórdenes crónicos emocionales, gastrointestinales, cardíacos y musculares así como la depresión tienen su raíz en el resentimiento y en la renuencia a perdonar. Esto no significa que dichos desórdenes estén solamente en nuestra mente, o que sean psicosomáticos, pero Dios nunca diseñó nuestros cuerpos para que soportaran el peso de conflictos no resueltos o de la amargura. De hecho, los conflictos se traslucen en nuestro rostro. Al mirar a las mujeres hoy en día, vemos las líneas de la amargura dibujadas en su cara. No hay nada malo en aparentar ochenta años si se tienen ochenta años. Sin embargo, algo anda mal si tenemos cincuenta años y nos vemos de ochenta.

Jesús dijo que si rehusábamos perdonar Dios nos entregaría a nuestros atormentadores. Tal vez se pregunte si los padecimientos y los dolores que sufre son el signo de que usted es una persona

amargada. Esto no necesariamente es así.
Sin embargo, debe preguntarle al Señor
si hay algo que Él esté tratando de decirle
con respecto a la forma en que su cuerpo
está reaccionando a cualquier amargura o
mala voluntad.

Otra consecuencia de rehusar perdonar
es la de no poder sentir el amor y el
perdón de Dios. Al final de esta historia,
Jesús dijo: «Así también mi Padre
celestial los tratará a ustedes, a menos
que cada uno perdone de corazón a su
hermano» (Mateo 18:35). Nos dijo
que perdonásemos y nos enseñó a
orar de la siguiente manera: «Perdona
nuestras ofensas así como nosotros
perdonamos a los que nos ofenden».
¿Cuál sería el resultado si Dios solo
nos perdonara hasta el punto en el cual
nosotros perdonamos a los que nos
ofenden? ¿Qué pasaría si Él guardara los
mismos resentimientos que guardamos
en contra de otros? ¿Podríamos rendirle
cuentas a Él? Jesús dijo: «Dichosos los
compasivos, porque serán tratados con
compasión» (Mateo 5:7).

Alguien dijo que la amargura era como un ácido; destruye el contenedor que la guarda. Cosechamos consecuencias en nuestra vida, algunas físicas y otras emocionales, y tal vez, más adelante, es posible que nuestros hijos y nietos sufran las consecuencias de nuestra falta de perdón. Hemos visto en la palabra del Señor que Él considera el perdón como algo muy serio. Ha dicho que si no perdonamos a otros no experimentaremos su amor y su perdón en nuestra vida.

LO OCULTO Y LA REBELIÓN

De hecho el Apóstol Pablo nos dice en 2 Corintios 2:11, que cuando rehusamos perdonar, realmente le estamos dando a Satanás un espacio en nuestra vida abriéndola así para que pueda influenciarnos y atacarnos aun más. Existen varias cosas que le abren la puerta a Satanás para que penetre en nuestra vida y una de ellas es el vínculo con las cosas relacionadas con lo oculto. Por esto me refiero a las sesiones

espiritistas, a los horóscopos, a las tablas
Ouija, a los médiums, a los cristales,
a las cartas del tarot y a la meditación
trascendental.

En el término de seis meses dos mujeres
que se hacían llamar cristianas instaron
en dos ocasiones diferentes a una de
mis amigas, quien recientemente había
perdido a su madre, a que se comunicara
con la muerta. Esto ocurrió durante una
conferencia en una iglesia conservadora
dedicada a enseñar la Biblia. Es tan fácil
ser engañados hoy en día.

Si usted ha estado involucrado con
algo relacionado con lo oculto o con la
astrología, le ha abierto una puerta a
Satanás para que ejerza una influencia
sobre usted. Esto pudo haber ocurrido
hace años cuando era todavía una niña y
todo el mundo jugaba con la tabla Ouija
cuando se reunían a dormir en casa de
alguna amiga. Deuteronomio 18:10-14
nos dice que no debemos tener ningún
contacto con lo oculto. Tal vez le cause
risa, pero usted no debería ni siquiera leer
los horóscopos. Yo no lo hago porque no

quiero entrar en el territorio del diablo y abrirle una puerta para que tenga influencia sobre mi vida.

Si usted ha estado involucrado en algunos de los juegos y herramientas de Satanás a través del ocultismo necesita renunciar a este vínculo. Invoque la sangre de Cristo para que limpie su corazón, su mente y su espíritu de manera que Satanás no tenga influencia sobre usted, sobre sus hijos o sobre sus nietos.

Hay una segunda cosa que le permite a Satanás ejercer influencia en nuestra vida; la rebelión y el rechazo a someterse a la autoridad. En 1 Samuel 15:23, Samuel le dice a Saúl: «La rebeldía es tan grave como la adivinación...». Algunos de ustedes, a quienes ni siquiera se les ocurre pensar en involucrarse con asuntos de hechicería, no toman con la misma seriedad el rechazo a la autoridad, ya sea en el hogar, en el trabajo o en la iglesia. Cuando nos salimos de la cobertura de las autoridades que Dios ha establecido para nuestra vida, nos convertimos en blanco para el Enemigo.

La tercera cosa que permite que el Enemigo penetre en nuestra vida es el rehusar perdonar. Pablo dice que cuando rehusamos perdonar le damos ventaja a Satanás (2 Corintios 2:10-11). Usted puede estar sufriendo las consecuencias de la rebelión contra las autoridades o de la amargura, aunque tal vez no reconozca que este tipo de actitudes son la raíz de sus problemas. Satanás puede estar causando estragos en su vida porque usted le ha dado la oportunidad. En Hebreos 12 leemos que cuando rehusamos perdonar, una raíz de amargura crece en nuestra vida que nos crea problemas y por último corrompe a muchos.

EL PRIMER PASO HACIA EL PERDÓN

¿Cómo debemos entonces responder a quienes han pecado en contra nuestra? Primero, aunque en las Escrituras no lo dice específicamente, creo que un punto de partida acertado es el identificar a aquellos que nos han ofendido. Le animo a que tome una hoja en blanco y dibuje

dos líneas verticales de manera que
queden tres columnas: derecha, centro e
izquierda. En la columna de la izquierda,
escriba los nombres de las personas que
han pecado en contra suya y cuyas ofensas
usted aún guarda en su corazón. Luego,
en la columna del centro escriba cómo lo
ofendió esa persona. ¿Cuál fue esa ofensa?

Usted puede estar pensando así: «Creí
que debía enterrar lo sucedido». El perdón
no significa tratar de enterrar el dolor o
pretender que jamás hubo algo mal hecho.
Dios quiere encontrarse con usted justo en
medio de su dolor. Quiere que lo enfrente
cara a cara y que a través de la esclavitud
de esas ofensas encuentre paz y libertad.

No estoy sugiriendo que saque a relucir
cosas de las cuales ya ni se acuerda. Creo
que esa es una tontería de la psicoterapia
moderna. Dios es capaz, a través de su
poder divino, de eliminar de su memoria
cosas que Él no quiere que usted recuerde,
así que sea agradecido y no luche contra
Dios si hay cosas que Él ya retiró de su
memoria. Me refiero a heridas y dolores de
su pasado o su presente que usted ya olvidó.

UNA CONCIENCIA TRANQUILA

Después de haber identificado a aquellos que le han ofendido, asegúrese de que su conciencia esté limpia con respecto a dichos individuos. Cuando piense en cada uno de ellos pregúntese a sí mismo: «¿Cómo les he respondido?». Escriba su respuesta en la tercera columna. ¿Los ha bendecido, amado, perdonado y orado por ellos? O por el contrario, ¿los ha despreciado y sentido resentimiento hacia ellos? ¿Ha calumniado a su antigua pareja ante sus hijos, se ha vengado de ella o ha sentido odio y rabia en su contra? Usted no puede avanzar en el proceso del perdón hasta que su conciencia no esté limpia con respecto a aquellas personas que le han ofendido.

Dios le pide que tome responsabilidad no por las ofensas de ellos, sino por las suyas. Si sus respuestas no han sido malas entonces no se invente algo de lo cual deba pedir perdón. Usted no es responsable de lo que le han hecho (columna del medio), sino de su respuesta a aquellos que le han

ofendido (columna de la derecha). Puede
que piense lo siguiente: «¡Me equivoqué
tan solo en un cinco por ciento, él tuvo la
culpa en un noventa y cinco por ciento!».
Me pregunto si la otra persona contestaría
de la misma manera si le pidiéramos que
dijese lo mismo. Dios le pide que se haga
cien por cien responsable de su cinco, diez
o cincuenta por ciento. Las Escrituras
dicen que cada hombre es bueno según su
propio criterio pero el Señor juzga y valora
el espíritu.

Nuestro orgullo nos hace pensar
inmediatamente que nosotros somos los
ofendidos, que somos las víctimas, y en
muchos casos es cierto. Sin embargo, es
muy difícil ser humildes y reconocer que
hemos hecho mal a otros o que hemos
contribuido a aumentar la contienda en
una relación. Dios nos pide que asumamos
la responsabilidad que nos corresponde y
que busquemos el perdón de los pecados
que hemos cometido en contra de esos
individuos. Pero, cuando busque ser
perdonado no se dirija a su antigua pareja
diciéndole: «¡Siento mucho no haber

sido la esposa que he debido ser, pero
creo que hubiera sido una mejor esposa
si tu no hubieras sido tan mal marido!».
Necesitamos asumir la responsabilidad por
las ofensas que hemos cometido en contra
de otros y buscar su perdón.

EL PERDÓN ES SOBRENATURAL

Por último, busque perdonar por
completo a cada persona que haya pecado
en contra suya. Escucho a muchas mujeres
decir: «Soy consciente de que necesito
perdonar a mi madre o a mi suegra, a mi
hijo o a mi hija, a mi pareja o a mi amiga».
Esto no es suficiente. El Enemigo lo
único que desea es que usted jamás llegue
verdaderamente a perdonar. He oído a
personas orar «Señor, por favor, ayúdame
a perdonar a tal persona». Eso está bien,
pero no es suficiente. Debe llegar al punto
en el cual diga: «Decido perdonar a esta
persona por lo que me ha hecho. Limpio
todas sus ofensas y oprimo la tecla de
borrar». Podemos dar el perdón. No es
natural, es sobrenatural. Solo por la gracia

de Dios y por el poder de su Espíritu
podemos verdaderamente perdonar.
Perdonamos mediante la fe, como un acto
de voluntad y de obediencia a Dios.

A continuación les narro algunos
testimonios que me enviaron unas mujeres
que tomaron la decisión de perdonar.
Una de ellas dijo: «Decidí perdonar a mi
marido por la relación sexual que tuvo
con su novia anterior antes de que nos
conociéramos. He guardado este dolor
en mi corazón durante cuatro años. Me
ilusiona abrazarlo y decirle que lo he
liberado».

Otra mujer dijo: «Dios me ha hecho
caer en cuenta de la semilla de amargura
que tenía en mi corazón hacia mi marido
porque no cumplía con mis expectativas.
¡Finalmente he podido liberarlo de esa
prisión!».

Otra me escribió: «En mis peticiones de
oración había pedido que oraran por mi
problema de espalda. Después de haber
tomado la decisión de perdonar a mi
madre y a mi hermana, noté que el dolor
de espalda desaparecía. Había padecido

este dolor durante varios meses. Creo que mi corazón así como mi cuerpo sanaron después de haberme decidido a dar el paso hacia el perdón».

No le prometo que sus dolores desaparezcan cuando usted tome la decisión de perdonar. Sin embargo, creo que nos ahorraríamos mucho dinero en médicos, consejeros, terapeutas y libros de autoayuda si nos decidiéramos a perdonar.

LA HISTORIA DE KATHY

A continuación mi amiga Kathy nos relata su camino hacia el perdón:

«Cuando tenía dieciséis años fui asaltada sexualmente por tres jóvenes a quienes yo consideraba mis amigos. En ese momento comprendí el significado del odio. Era tal el deseo de venganza que honestamente pienso que los hubiera podido matar si hubiese sido posible salir indemne. Nunca se lo dije a nadie, ni a mi madre, ni a mi padre, a nadie. Pero en el fondo de mi corazón creía que aquellos jóvenes probablemente se lo habían dicho

a todo el mundo... Mi último año de
secundaria fue horroroso.

Tan pronto como salí del colegio, me
fui de ese pueblo. Nunca regresé a visitar
a nadie, excepto a mis padres. Con el
transcurso de los años pienso que he
perdonado, pero no sé si verdaderamente
lo he hecho puesto que pienso mucho
en eso. Ninguna de sus vidas han
tenido valor alguno... Es algo que he
llevado en mi corazón por tantos años...
Finalmente, hace tres años, tuve el coraje
de confesárselo a mi esposo. Él lo sabía
todo el tiempo pues yo no podía ver en
televisión ningún programa relacionado
con violaciones. Pero bendito sea y gracias
a Dios... nunca me presionó.

Tengo tanto de que estar agradecida
puesto que han habido tantas cosas
difíciles en mi vida... pero Dios se ha
compadecido de mí. Siento como si Él
tuviera reservado para mí un trabajo
mayor. Realmente he luchado por ser fiel
a Dios y por hacer su trabajo. Pero sé que
hasta que no libere todas esas cosas... no
dejaré de tener miedo.

Perdono a esos jóvenes... los perdono y oro por ellos para que puedan obtener el perdón que yo he obtenido en mi vida».

Dios le ha mostrado a Kathy algo que la mayoría de creyentes que han sufrido experiencias similares no han tenido en cuenta nunca. No se trata solamente de Kathy, sino de los medios de Dios y de su glorificación en nuestra vida. Lo que le pasó a Kathy cuando tenía dieciséis años de edad es una atrocidad abominable. Es malvado, es infame y esos hombres responderán a Dios por sus pecados. La gran mayoría de personas contra quienes se han cometido ofensas no pueden admitir la forma en que han pecado en contra de sus ofensores. Kathy fue muy sincera. Admitió que no solo los había odiado, sino que si hubiese sido posible los habría matado.

Al leer esta historia, haya o no haya enfrentado personalmente una situación similar, ¿no siente compasión por Kathy y entiende su deseo de venganza? Sin embargo, si vamos a ser instrumentos de clemencia en la vida de otros necesitamos ayudarnos mutuamente a seguir la verdad. Dios ha hecho eso por Kathy. Él le demostró que su odio y deseo de venganza son también malvados. Ella ha sido la que durante todos estos años ha estado esclavizada aunque no haya tenido ninguna responsabilidad de lo que pasó. ¿Por qué está esclavizada? ¿Por qué ha estado paralizada durante décadas por culpa del pecado de otros?

A menos que usted lo permita, ningún pecado cometido por otra persona puede esclavizarlo. Kathy ha estado esclavizada debido a su odio y deseo de venganza. Eso suena tremendamente injusto y poco bondadoso pero Dios le demostró a Kathy que, como hija suya, ella no podía odiar; que la venganza no era de ella, sino de Él. De hecho habría incurrido en asesinato al tener en su corazón esos sentimientos tan violentos. Está en el proceso de ser liberada porque está dispuesta a admitir: «Señor, no solo son aquellos tres jóvenes los que necesitan de tu misericordia, sino yo también». Es así como Kathy, al estar dispuesta a perdonar, empezó a sanar y a recibir ese divino y dulce perdón.

BELLEZA EN VEZ DE CENIZAS

En Isaías 61, Dios nos dice que Él
sana los corazones heridos, da libertad a
los cautivos y libera los corazones y las
mentes de aquellos que están esclavizados.
Usted comienza a sanar cuando permite
que Dios se haga cargo de sus pecados.
Después de todo, lo que nos destruye no
es en sí el mal que se nos hace, sino la
forma en que respondemos a dicho mal.
El versículo 2 dice que Dios da consuelo
a todos aquellos que sufren. Kathy está
descubriendo que hay alivio para sus
penas. Creo que hay gracia, consuelo, paz
y libertad guardados para Kathy.

Me encanta Isaías 61:3 donde Dios nos
dice que Él da belleza en vez de cenizas.
El Enemigo pensó que había destruido
a Kathy cuando ella tenía dieciséis años,
y de alguna forma ella aún tiene cenizas.
Sin embargo, hay que ver lo que Dios está
haciendo: Él está haciendo algo bello, está
dando «aceite de alegría en vez de luto».
Aquellos que confían en el Señor y ponen
sus penas bajo sus manos heridas por los

clavos recibirán a cambio su belleza, su alegría y su paz.

Isaías dice que Él nos dará: «Traje de fiesta en vez de espíritu de desaliento» (Isaías 61:3). Esto es increíble. No solo nos redime, nos da libertad, sana nuestros corazones heridos, nos consuela y nos da belleza, alegría y alabanza en vez de cenizas, sino que también quiere usar nuestra vida para hacer el bien. «Serán llamados robles de justicia, plantío del Señor, para mostrar su gloria».

¿ACASO NO HAY JUSTICIA?

La historia de Kathy suscita una pregunta importante: ¿Significa el perdón que el mal que hicieron estos tres jóvenes ya no tiene importancia? Creo que uno de los motivos por los cuales tenemos dudas para perdonar es porque en el fondo de nuestro corazón nos preocupa que el ofensor salga librado sin costo alguno, y nuestro sentido de justicia nos dice que no está bien que los ofensores salgan bien librados después de cometer su pecado. ¿Qué pasa si nunca son capturados? ¿Qué pasa si nunca sufren por lo que hicieron? ¿Por qué debo perdonar si jamás reconocieron sus pecados y se arrepintieron?

Permítanme explicarlo de la siguiente manera: El perdón libera al ofensor de mi custodia, de mi corte, de mi celda y lo entrega a Dios. La venganza es de Dios. Él es el único juez, y cuando rehusamos perdonar, lo que realmente estamos haciendo es tomando su lugar (Romanos 12:17-21), lo cual es una tontería y es peligroso.

Una de las ilustraciones bíblicas del perdón más increíbles es la historia de José. Usted la encuentra en los últimos trece capítulos del libro del Génesis. José fue vendido como esclavo, maltratado, acusado falsamente y encarcelado. Más adelante, cuando tuvo la oportunidad de vengarse de todos aquellos que lo habían ofendido, rehusó hacerlo. Dijo: «¿Puedo acaso tomar el lugar de Dios?» (Génesis 50:19). Cuando rehusamos perdonar tomamos el lugar de Dios. Dios, que ve

todo lo que pasa y todos los corazones,
enderezará todo al final.

¿DEBEMOS OLVIDAR CUANDO PERDONAMOS?

Otra cosa que debemos recordar es
que perdonar no significa necesariamente
olvidar. Este es un gran malentendido
que tienen muchas personas. «Se supone
que debo perdonar y olvidar porque Dios
olvida mis pecados». Eso no es lo que
dice la Biblia. Dios dice: «No nos trata
conforme a nuestros pecados ni nos paga
según nuestras maldades» (Salmo 103:10).
¿Cómo puede Dios, que es omnisciente,
olvidarse de algo? Lo que dice el Salmo
103:10 es: «No nos trata conforme a
nuestros pecados».

Algunos de nosotros creemos que sería
realmente maravilloso si Dios cogiera un
borrador mágico y borrara todas nuestras
memorias dolorosas. No estoy muy segura
de que eso fuese realmente maravilloso.
Una parte de nosotros estaría contenta
pero el dolor nos recuerda la gracia de

Dios, su bondad para con nosotros y lo
que ha hecho en nuestras vidas. Además, si
no nos acordamos de haber sentido dolor,
¿cómo vamos a sentir compasión por
aquellos que la necesitan?

   ¿Cómo vamos a mostrar clemencia y
bondad hacia aquellos que están heridos?
¿Cómo podemos decirle a alguien que
nos preocupamos por él si nunca hemos
sufrido? ¿Cómo vamos a llorar con aquellos
que lloran? Aquellos que han sufrido son
por lo general los más comprensivos y
bondadosos de corazón con los que sufren.
Dios quiere usar todas nuestras heridas
para sus propósitos redentores, en parte,
para que nos involucremos en la vida de
aquellos que sufren.

   Cuando usted perdona, probablemente
no olvida todas las cosas dolorosas que le
han sucedido. Tampoco aquellos a quienes
perdona necesariamente cambian o incluso
sienten la necesidad de ser perdonados.
Sin embargo, sus heridas pasadas no
tienen por qué mantenerlo esclavizado
y no tienen por qué destruir su energía
espiritual y su vitalidad.

El primer paso

Otro punto importante acerca del perdón es el siguiente: Puede darse en algún momento dado, pero para sanar totalmente tal vez se requiera un proceso largo. El problema es que queremos superar primero el proceso de cura para luego perdonar. «Estoy trabajando en el proceso», dicen muchos. Si espera hasta que se haya curado lo suficiente tal vez nunca perdone. El proceso de curación comienza con el perdón. En el momento en que decide perdonar se libera para comenzar su proceso de curación.

Tal vez esté viviendo bajo un terrible abuso o tal vez tenga heridas de abusos anteriores. Es mucho más fácil para mí decirle que usted necesita perdonar que para usted tomar la decisión de perdonar. Sin embargo, si usted es un hijo de Dios, el Espíritu Santo que habita dentro de usted le dará la fuerza para obedecer el mandato de Dios de perdonar. No sé cómo funciona, solo sé que es posible obedecer a Dios y decidirse a oprimir

la tecla de borrar. Usted puede tomar la
decisión de borrar las faltas de aquellos
que han pecado en su contra, tal como
Jesús en la cruz perdonó a quienes habían
pecado en su contra, incluyéndonos a
usted y a mí.

EL PERDÓN CUESTA MUCHO

El perdón no es barato. Es costoso.
Requiere la voluntad de aceptar el costo del
pecado de otro. ¡Alguien tiene que pagar!
Supongamos que Mariana y su esposo se
encuentran en dificultades financieras.
Inducida por el Señor yo me ofrezco
a compartir sus dificultades. Llamo a
Mariana y le digo: «El Señor me dijo que
te prestara mil dólares. ¿Crees que me los
podrías pagar mensualmente en abonos
de cien dólares cada uno durante diez
meses, libres de interés?». Ella me contesta:
«Eso es magnífico, te lo agradezco mucho,
realmente apreciamos tu ayuda». Así
entonces les envío los mil dólares.

Yo llevo meticulosamente las cuentas
de mi chequera y escribo todos mis gastos

y calculo el saldo regularmente. Esta
deuda por lo tanto aparecerá en mi libro
de cuentas. Transcurridos treinta días
sin haber oído nada de mis amigos, me
imagino que se han olvidado. Después de
dos meses sigo sin recibir ningún cheque
por la suma de cien dólares. Al pasar tres
meses sin pago alguno de la deuda los
llamo y descubro que no pueden o no
quieren pagarme la deuda.

El Espíritu Santo me induce a
perdonarlos y a convertir ese préstamo
en un regalo. Es un trago, pero saco la
bandera blanca y digo: «Sí, Señor».
Llamo a Mariana y le digo que el Señor
me ha pedido que les regale los mil
dólares.

Así entonces ya no me deben nada,
están libres de la deuda de mil dólares.
¡Pero alguien debe pagar los mil dólares!
Yo soy la que tengo mil dólares menos.
Estoy dispuesta a asumir el costo de la
deuda y absorber el dolor. La única forma
de hacerlo es que Cristo me provea de los
recursos. Él con su gracia me los da y me
permite perdonar dicha deuda.

¿Puedo llamar a mis amigos el mes siguiente y decirles: «¡Páguenme, bribones, pícaros deudores, me deben mil dólares!»? No puedo hacerlo. Ya no me deben nada. Les he perdonado la deuda y ya no tengo cuentas con ellos. Satanás querrá recordármelo y empujarme a que cobre esa deuda perdonada. ¿No se alegra de que Dios no haga eso con nuestros pecados?

Perdone de todo corazón y tenga presente que no perdonar es un pecado igual o mayor que cualquiera de los que hayan cometido o cometan en su contra. Aun cuando usted no pueda ver los resultados, aunque la situación no pueda esclarecerse del todo o mejorar, puede estar seguro de haber hecho lo que Dios requiere de usted. Puede *seguir* perdonando a medida que su gracia y amor fluyen por medio de usted, y puede vivir en paz, en la paz de Dios.

UNA IDEA REVOLUCIONARIA

¿Qué debe hacer con el dolor que aún siente? Debe llegar al punto de devolver bien por mal. Pablo dice en Romanos 12:17-21 «No paguen a nadie mal por mal. Procuren hacer lo bueno delante de todos. Si es posible, y en cuanto dependa de ustedes, vivan en paz con todos. No tomen venganza, hermanos míos, sino dejen el castigo en las manos de Dios, porque está escrito: "Mía es la venganza; yo pagaré", dice el Señor. Antes bien, si tu enemigo tiene hambre, dale de comer; si tiene sed, dale de beber. Actuando así harás que se avergüence de su conducta. No te dejes vencer por el mal; al contrario, vence el mal con el bien».

¿Qué nos está diciendo Pablo? Si la persona que lo hirió tiene una necesidad, pídale a Dios que le muestre cómo satisfacerla, y hágalo. Devuelva bien por mal. Cuando uno devuelve bien por mal como dice Pablo (Romanos 12:17-21), no solo está venciendo al mal con el bien, sino que a la vez está destruyendo las emociones malas y algo del dolor que hay en su corazón y que lo mantiene encadenado.

Jesús lo expresó de la siguiente manera: «Amen a sus enemigos y oren por quienes los persiguen» (Mateo 5:44). Esa es una buena herramienta de medida para utilizar cuando piense en aquellas personas que están en la columna izquierda de su hoja. ¿Le está haciendo el bien, en la medida de sus posibilidades, a esa persona que lo ha ofendido? ¿Está orando por esa persona? La meta es la reconciliación mediante la construcción de puentes de amor y bendición.

Si perdona, puede convertirse en un instrumento de la gracia y sanación de Dios en la vida de esa persona. Tal vez piense de la siguiente manera: «No quiero que esa persona se reconcilie con Dios. No quiero que Dios bendiga a esa persona». ¿Sabe lo que encontrará cuando obedezca a Dios y ore por esa persona? Después de un tiempo descubrirá que no puede odiar a alguien por quien está rezando. De hecho, aunque no lo crea, Dios puede realmente llenar su corazón con compasión y amor por alguien a quien usted ha odiado durante años.

UNAS PALABRAS SOBRE
ABUSO Y JUSTICIA

La enseñanza bíblica de perdonar
a quienes pecan contra nosotros no
minimiza la seriedad de sus pecados ni da
a entender que sus actos sean correctos.
Tampoco hace pensar que debamos
permitir a sabiendas que la persona
siga pecando, o evitar que sufra las
consecuencias de su maldad.

Tal vez usted conozca personas
implicadas en casos de abuso o actividades
criminales o inmorales. No está mal y
puede ser necesario informar a alguien
sobre estos hechos y llevar a los ofensores
ante las autoridades competentes que
pueden pedir cuentas de sus actos. Dios
ha designado a las autoridades civiles y
religiosas para castigar a los que hacen el
mal y proteger a los justos.

No obstante, si en su corazón sigue
sintiendo amargura y si está obsesionado
con la venganza, entonces usted todavía
insiste en controlar la situación, y aunque
se haga justicia, no podrá experimentar

la libertad que Dios ofrece. En realidad,
usted es un prisionero de su ofensor.
Debemos recordar que el problema real de
ellos es con Dios, y Él les pagará.

UN INSTRUMENTO DE PAZ: LA HISTORIA DE CORRIE TEN BOOM

No conozco ninguna historia que
ilustre de mejor manera el poder de
Dios para llenar nuestros corazones de
compasión, que aquella de la fabricante
de relojes holandesa Corrie ten Boom.
Corrie y su familia proveyeron lugares
de escondite a través de toda Holanda, a
muchos judíos holandeses y sus familias,
quienes estaban siendo perseguidos
por los nazis y deportados a campos de
concentración. Los nazis enviaron al
anciano padre de Corrie a prisión, lugar
donde murió. Corrie y su hermana Betsy
estuvieron en un campo de concentración
durante un año, donde Betsy murió. Poco
tiempo después de ser liberada, las otras
mujeres que se encontraban en su campo
fueron asesinadas.

Corrie describe, en uno de sus libros, la
lucha que libró para perdonar. Escribe así:
«Fue en un servicio religioso en Munich
que lo vi, el antiguo oficial de las SS que
hacía guardia en la puerta del cuarto de
baño en el centro de procesamiento de
Ravensbrook (campo de concentración).
Era el primero de nuestros carceleros
que veía desde ese entonces, y de pronto
todo volvió a ser real: el cuarto lleno
de hombres burlándose, las pilas de
ropa, la cara de Betsy pálida de dolor.
Al desocuparse la iglesia se me acercó.
Radiante y haciendo una venia me dijo:
"No sabe lo agradecido que estoy con su
mensaje Fraulein, pensar que, tal como
usted me dijo, Él ha lavado mis pecados".
Sacó su mano para estrechar la mía, y yo,
que tantas veces había predicado a la gente
de Blumenthal la necesidad de perdonar,
no extendí mi mano.

Aun en los momentos en que los
pensamientos de ira y venganza me
llenaban, yo era consciente de mi pecado.
Jesucristo había muerto por este hombre.
¿Iba yo a pedir más? Entonces oré de la

siguiente manera: "Señor Jesús, perdóname y ayúdame a perdonarlo". Trate de sonreír. Hice un esfuerzo por extender mi mano. No pude. No sentí nada, ni la más mínima chispa de compasión o simpatía.

Entonces, volví a orar en silencio: "Jesús, no puedo perdonarlo, dame tu perdón". En el momento de coger su mano la cosa más increíble sucedió. Desde mi hombro, a lo largo de mi brazo y a través de mi mano pasó una corriente de mí hacia él a la vez que en mi corazón nacía un amor por este extraño que casi me estremecía. Descubrí que la curación del mundo no depende ni de nuestro perdón ni de nuestra bondad, sino de los de Él». Cuando Dios dice que amemos a nuestros enemigos, junto con su mandato nos da el amor para hacerlo».

GRACIA Y GRATITUD

Si realmente quiere ser libre debe llegar al punto en el cual puede dar gracias bajo cualquier circunstancia. Claro está que no me refiero a que demos gracias a Dios por el pecado. Me refiero a que lleguemos al punto en el cual en medio de cada circunstancia, especialmente de aquellas sobre las que no tenemos control, podamos elevar la vista y decir: «Su intención era maligna pero la tuya, Señor, era buena». Dios hará que incluso la ira del hombre se transforme para gloria suya porque Él dispone todas las cosas para el bien de quienes lo aman (Romanos 8:28). Cuando los hermanos de José le imploraron a este que no se vengara de ellos, José les dijo: ¡Están a salvo! Acérquense a mí y yo los alimentaré. Yo satisfaceré sus necesidades. Ustedes me vendieron como esclavo, pero Dios me envió aquí para salvar vidas (vea Génesis 50:15-20).

Necesitamos reconocer que Dios es soberano, omnipotente, y bueno. Él es sabio y sabe todo, así que no hay nada que llegue a nuestra vida sin que antes haya pasado por Él. Como hijo de Dios nada puede tocarlo sin antes pasar por sus manos.

Es inevitable que las personas nos ofendan y nos hieran, y Satanás puede

intentar utilizar esto para nuestra
destrucción, pero Dios es soberano
sobre todos los otros regentes, personas
y poderes, incluyendo los poderes
de las tinieblas y el infierno. Piense
en la cruz y en sus implicaciones para
aquellos que sufren las viles consecuencias
de vivir en un mundo caído. En aquella,
se cometió la más horrenda iniquidad
jamás cometida en el universo, donde
los hombres perversos «se unieron…
contra tu santo Hijo Jesús… para hacer
cuanto tu mano y tu consejo habían
antes determinado que sucediera»
(Hechos 4:27-28).

¿Quién pudo prever algo bueno de
semejante atrocidad? Solo el Dios que
podía ver de antemano la resurrección. Es
el mismo Dios que ha medido el alcance
de su dolor e injusticia, quien vigila de
cerca la profundidad, la distancia y la
altura de cada prueba que cada uno de sus
hijos soporta, y quien no permitirá en su
vida una sola circunstancia que obstruya
o desvíe el eterno y amoroso plan que ha
trazado para su vida.

Si ni siquiera el azote de la cruz le impidió completar el plan que tenía para su Hijo, ¿cómo puede alguna dificultad en su vida —por mala que ésta sea— sobrepasar su deseo o su capacidad para cumplir el plan que Él tiene para usted? Amado, Él incluso utilizará estos sufrimientos para culminar su obra redentora y santificadora en y a través de su vida.

El momento de rendir cuentas

Algunas veces pensamos que cuando lleguemos al cielo Dios sacará un tablero o proyector en donde contestará todas nuestras preguntas o defenderá sus acciones. Ciertamente sabremos más de lo que sabemos ahora (1 Corintios 13:12). Sin embargo, creo que cuando veamos a Jesús cara a cara, Él será toda la respuesta que necesitamos. No necesitaremos oír todas las explicaciones de lo que pasó en nuestra vida. Sabremos lo bueno que es Él, cuán grande ha sido su amor por nosotros y cómo nos sostuvo cuando no podíamos

mantenernos de pie. Caeremos en la
cuenta que Él hizo todo bien. Mientras
tanto, hasta que podamos ver y saber,
debemos confiar en nuestro Dios bueno,
amoroso y sabio, y creer que sus propósitos
son más grandes de lo que podemos ver
y más maravillosos de lo que podemos
entender o imaginar.

Dios tiene un propósito para su vida, y
es más grande que esta misma (Jeremías
29:11-13). Somos tan solo unos pequeños
jugadores dentro del esquema total de las
cosas, se trata del plan grandioso, eterno
y redentor de Dios. Dios quiere utilizar
su perdón y sus oraciones por aquellos
que lo han herido y ofendido, como un
medio para sanar, dar gracia, salvación y
bendición a otros, de una manera que está
más allá de su comprensión.

CORAZONES DE PIEDRA

Tal vez usted haya leído o haya visto la
película Ben-Hur. Ben-Hur es el relato de
ficción de una familia judía en tiempos de
Cristo. Cuando Ben-Hur es aún un joven,

los romanos confiscan su casa y todas las posesiones de su familia. Le obligan a convertirse en esclavo y a trabajar en los fogones de uno de los barcos de guerra romanos y encierran a su madre y a su hermana en una celda bajo tierra en donde contraen lepra. Consumido por el odio, Ben-Hur se obsesiona con el deseo de venganza, especialmente contra su amigo de la niñez, Messala, quien lo ha traicionado. Después de una separación, Ben-Hur finalmente se reúne con su amor, Esther. En su conversación Ben-Hur destila veneno y odio por los romanos en general y por Messala en particular.

Ese día Esther había oído hablar a un hombre llamado Jesús de Nazaret. Esther le cuenta a Ben-Hur que este hombre de Nazaret dice: «Benditos sean los que sienten compasión pues ellos tendrán compasión. Benditos los que buscan la paz, pues serán llamados hijos de Dios». Ella continúa: «La voz que oí hoy en la colina dice: "Amen a sus enemigos y oren por quienes los persiguen"». Ben-Hur está tan lleno de rabia que reacciona con furia

a las palabras de Esther. Ella le responde:
«¿Qué ha sido de Judá Ben-Hur a quien yo
amaba? Parece ser que te has convertido
en lo mismo que te propones destruir,
devolviendo maldad por maldad. El odio
te ha convertido el corazón en piedra.
Actúas de la misma forma en que lo haría
Messala» (Ben-Hur, Warner Brothers
Studios, 1959).

PAZ AL PIE DE LA CRUZ

¿Es posible que se esté volviendo como
la persona que lo hirió? ¿Está el odio
transformando su corazón en piedra?
Dios quiere liberarlo hoy, y lo hará de la
misma manera en que lo hizo con Ben-
Hur en esta historia. Ben-Hur termina en
Jerusalén el mismo día en que Jesús fue
llevado a su crucifixión. Sigue la procesión
al Calvario y luego se para en la sombra
de esa cruz central y observa la sangre que
fluye del cuerpo torturado de Jesús hacia
el suelo.

Mientras mira al Salvador, el amor
de Cristo finalmente penetra su corazón

endurecido. ¡Empieza a creer! Recibe ese
amor divino. En la versión para cine, su
cara se transforma visiblemente cuando los
años de amargura, odio e ira son lavados
por el amor y la sangre de Jesús. En la
escena final, Ben-Hur regresa a su casa, en
donde Esther lo está esperando y le dice:
«En el momento en que murió le oí decir:
"Padre perdónalos pues no saben lo que
hacen". Sentí que su voz retiraba la espada
de mi mano».

   ¿Tiene hoy una espada en su mano?
¿Una espada de amargura, resentimiento
y venganza? ¿Por qué no dejar que su voz
retire la espada de su mano? Lo quiero
invitar a que haga un viaje al Calvario
y vea lo que Jesús hizo en ese lugar por
usted. ¿Está dispuesto a recibir su gracia y
su amor por su dolor y a tomar la decisión
de perdonar? Primero, ¿está dispuesto a
confesarle su amargura a Dios y a pedirle
que le perdone su rechazo a perdonar?
Tenga presente que la amargura y el
resentimiento son un pecado tan grave
como cualquiera que hayan cometido en
contra suya.

¿Está dispuesto a decir: «Dios mío, lo siento mucho. Perdóname por mi odio y mi amargura. He sido perdonado tanto y he rehusado perdonar a otros»? Permita que Él lave y limpie su corazón. Luego revise la lista que ha hecho mentalmente o por escrito de las personas que han pecado en contra suya. Piense en esas personas y en lo que han hecho. ¿Estaría dispuesto a decirle a cada una: «Dios mío, Tú me has perdonado y, por Cristo, perdono a esta persona por esta ofensa»? ¿Estaría dispuesto a oprimir la tecla de borrar? No rechace al Espíritu Santo si Él está trabajando en su corazón con este fin. Por la gracia de Dios, decídase a perdonar y a ser libre.

Sin perdón, jamás podrá ser íntegro. A medida que permite que Dios limpie su corazón de amargura, resentimiento y odio Él irá reemplazando estos sentimientos con su paz y su alegría, y la sanación empezará. Le invito a que haga un viaje al Calvario y vea lo que Jesús hizo por usted. Reciba su amor y su poder para curar almas heridas, y su gracia para perdonar a otros.

Padre, cómo te agradezco por tu gracia, por la misericordia que extiendes hacia nosotros cuando nosotros la damos a los demás. Has dicho que si rehusamos perdonar, no podremos experimentar tu perdón y tu amor, pero cuando perdonamos, entramos a un mundo nuevo lleno de tu paz y de tu perdón. Imagino que en este momento entras a esta prisión con celdas, y en la medida en que estemos dispuestos a abrir las puertas de cada celda y a dejar en libertad a nuestros ofensores, Tú también irás caminando por los corredores de nuestro corazón abriendo las celdas y liberándonos con tu llave de gracia. Padre, cómo te agradecemos y te bendecimos. Gracias Jesús por haber ido al Calvario y haber derramado tu perdón en nuestros corazones llenos de amargura y tu amor en nuestras heridas. Danos tu amor y tu paz. Amén.

El Primer Paso...

Solo podemos perdonar después de haber sido perdonados por Dios, y la paz con los demás es imposible hasta que no tengamos paz con nuestro Creador. Fuimos diseñados por un Dios santo y amoroso para vivir dentro de una relación con Él. Sin embargo, a causa de nuestro pecado y rebelión, hemos rechazado esa relación y vivimos separados de Dios. Pecado es todo aquello que hacemos, pensamos y decimos que no complace a Dios. El egoísmo, la amargura, el odio y el orgullo son pecados como los son el robo y el asesinato.

La vida que llevamos separados de Dios es incierta. Lleva a la desesperación y a la separación eterna de Dios en un lugar terrible que la Biblia denomina infierno en el cual no existe bondad ni paz. La buena nueva es que Dios desea restaurar nuestra relación con Él, así que envió a Su único hijo, Jesús. Él, quien jamás pecó, se convirtió en pecado por nosotros de manera que a través de Su santidad y

pureza pudiésemos tener una relación con
el Padre.

En sorprendente operación de rescate,
Dios permitió que Su perfecto e inocente
Hijo pagara la pena de nuestros pecados
mediante la muerte en la cruz. Esta misión
de rescate para salvarnos de nuestros
pecados le costó a Jesús la vida, pero
resucitó de la tumba al tercer día probando
así Su poder sobre el pecado y la muerte.

Debido a Su muerte por nuestros
pecados, todos nuestros errores pueden
ser perdonados por Dios. Podemos salir
indemnes y vivir una relación con el
Padre. Jesús resucitó de la tumba y ha ido
a preparar un lugar para nosotros. Todos
aquellos que lo aman vivirán algún día
con Él en un maravilloso lugar donde no
hay lágrimas, ni sufrimiento, ni muerte.
(Apocalipsis 21:4)

No hay nada que podamos hacer para
ganar este perdón y experimentar una
vida nueva. Es un regalo que Dios nos
ofrece porque nos ama. Pero como sucede
con todos los regalos, debemos aceptarlo
con el fin de que nos pertenezca. Si usted

desea aceptar el regalo del perdón y de la vida eterna, lo puede hacer ahora mismo alejándose con determinación del pecado y siguiendo a Jesucristo de hoy en adelante. ¿Por qué no le pide a Dios que le perdone y lo convierta en la persona que Él quiere que usted sea, si este es el deseo de su corazón?

En la Biblia, Jesús dice: «Porque tanto amó Dios al mundo, que dio a su Hijo unigénito, para que todo el que cree en él no se pierda, sino que tenga vida eterna» (Juan 3:16). Usted puede expresarle esto a Dios con las siguientes palabras:

«Querido Dios, gracias por Tu misericordia, por enviar a Tu hijo Jesús a que muriera por mis pecados. Gracias por resucitar de los muertos a Jesús. Por favor perdona todos mis pecados pasados, presentes y futuros que me han separado de Ti. Te entrego el control de mi vida. Por favor hazme la persona que deseas que yo sea. Gracias, Señor, Amén».

Si usted acaba de dar el paso de entregar su vida a Dios, usted ha comenzado una maravillosa aventura con su Creador

que le ama más que nadie. Si usted le
habló con sinceridad, Él le ha perdonado
sus pecados, y promete transformarle la
vida. Puede conocerle mejor leyendo la
carta que Él le escribió, la Biblia. Podría
comenzar con el Evangelio de Juan que
contiene la vida y las palabras de Cristo
Jesús, luego seguir con los otros tres
Evangelios, Mateo, Marcos y Lucas, y la
carta del Apóstol Pablo a los Romanos, un
tratado brillante sobre el fundamento de la
fe cristiana. ¡Que Dios le guíe y le bendiga
mucho!